Alva

Moritz

Marie-Lu

Chang

Boy

Alex

Achim

Olaf

Papa   Maresa

Inga   Anahit

Bauxi Wauxi

Kaspar   Nepomuk

Azra

Tiger
(vermisst)   Niels Bohr

Assunta

Otto

© Luftschacht Verlag – Wien
luftschacht.com

Alle Rechte vorbehalten.
1. Auflage 2021

Buchgestaltung und Satz: Verena Hochleitner, gruenstich.at
Gesetzt aus der Aniuk
Lektorat: Luftschacht
Druck und Herstellung: Print Alliance HAV Produktions GmbH
Papier: Carta Mela (Apfelpapier) 180 g/m2, Wibalin Recycled natural weiß 120 g/m²

ISBN: 978-3-903081-89-5

FSC
www.fsc.org
MIX
Papier aus ver-
antwortungsvollen
Quellen
FSC® C011912

Klimaneutral
Druckprodukt
ClimatePartner.com/13996-2103-1016

FAIR PRINT BY PRINT ALLIANCE

Der Schneeleopard

VERENA HOCHLEITNER

Luftschacht Verlag

VERMISST!

Endlich Frühling.

Die halbe Stadt ist heute auf den Beinen.
Alle wollen in den Park. Dort riechen die ersten
Sonnenstrahlen besonders gut.

Es ist noch gar nicht lange her, dass Maresa mit Papa einen Schneemann gebaut hat.

Maresa läuft auf die große Wiese hinter der Hecke.
Typisch! Die Schaukel ist natürlich besetzt.

Doch wer liegt dort neben dem Schneemann auf dem Schneefeld? Dort, wo normalerweise die Sandkiste sein müsste.

Das muss Maresa unbedingt Papa erzählen.

Die Schaukel ist wohl noch länger besetzt.

Doch das macht nichts. Die Katze ist schließlich viel interessanter. Maresa wünscht sich, dass sie nur endlich endlich aufwachen würde.

Ein Sonnenstrahl kitzelt die Katze in der Nase.
Endlich ist sie wach! Es ist eine Zirkus-Katze.
Papa hat es gleich gewusst!

Papa sitzt noch immer auf der Parkbank.

Hans, das Pferd, kommt des Weges
und packt das Akkordeon aus.

Die Vorstellung kann
beginnen.

Als Erstes kommt die Purzelbaum-Nummer.

Als Nächstes springt Maresa durch einen Reifen.

Doch wo bleibt nur Papa?

Wenn er nicht bald kommt, versäumt er noch die ganze Vorstellung.

Ein Trommelwirbel ertönt. Sind alle bereit für den Höhepunkt?

Manege frei für den Turm!

Gibt es Freiwillige im Publikum?

Sehr gut, Christopher und Lukas Vogl sind bereit.

Der Turm ist so hoch, dass Maresa über die Hecke sehen kann.

„Papa, schau!", ruft Maresa aus schwankender Höhe.

Maresa hat keine Angst. Sie traut sich das.

Was ist das für ein Lärm? Kann man hier nicht mal in Ruhe sein Mittagsschläfchen halten?

Und Schuss!

Doch Papa bekommt weder das tollste und gefährlichste Kunststück mit ...

... noch, dass die Sache plötzlich schiefgeht.

Was für ein Glück, dass die Katze Salto kann.

Die Katze landet auf den Hinterpfoten
und fängt Maresa auf.

Wenn das kein tolles Kunststück gewesen ist! Wie schade, dass Papa es nicht mit dem Handy gefilmt hat! Dann hätten sie es Mama zeigen können. – Wo bleibt Papa nur?

Maresa muss sofort alles Papa erzählen.

Als Papa auf die Wiese kommt, ist die Katze verschwunden.

Auch Hans und Lukas Vogl müssen los. Nur Christopher
ist noch da und hat nasse Füße.

Papa reimt sich seine eigene Geschichte zusammen.

Er kann alles erklären.

Mit einer Sache hat er allerdings wirklich recht.
Für ohne Schuhe ist es noch viel zu kalt.

Nelli   Edith Zotterplotter

Patrick   Elisabeth

Chlodwig

Luna

Joachim

Carl   Chimamanda

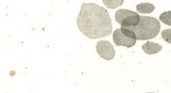

Chris

Leyla

Franziska

Parkwächter Heli

Fausto

Horst

Was ist?

Kann es sein, dass ich in einen unsichtbaren Hundehaufen getreten bin?

Hans, das Pferd

Lukas Vogl

Levi

Rosi